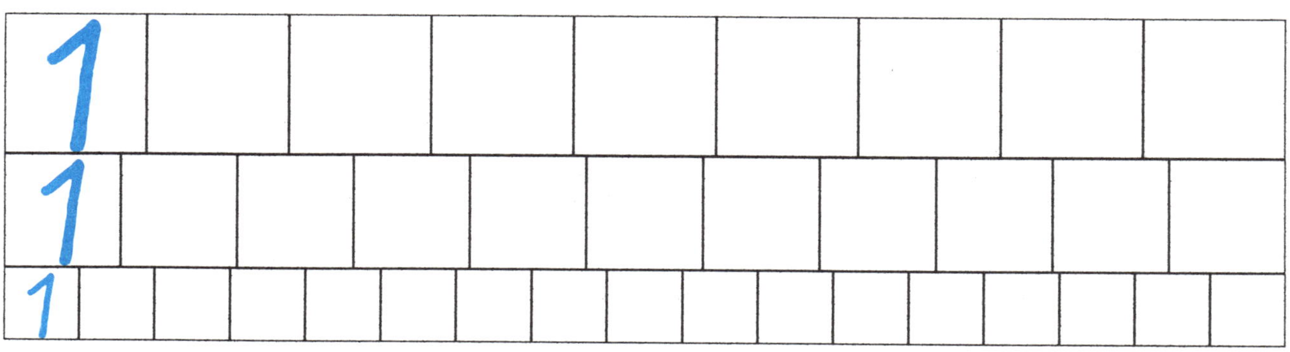

1																
1																

Welches Kind wohnt in der 1?

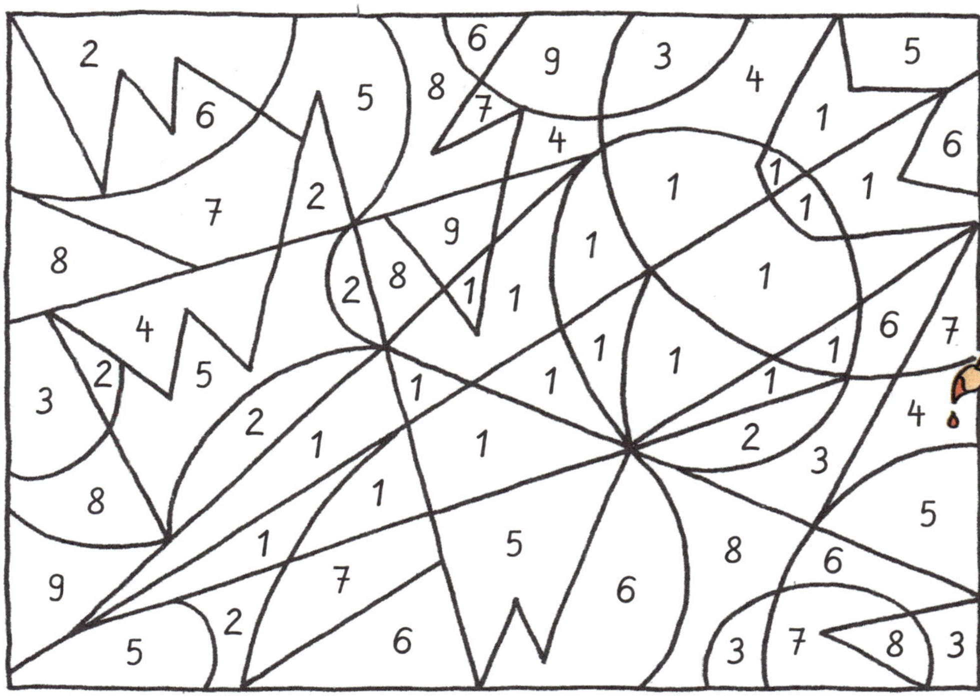

1																
1																

Die 1 farbig nachfahren. Die 1 ausmalen.

2								

2										

2																

2																
2																

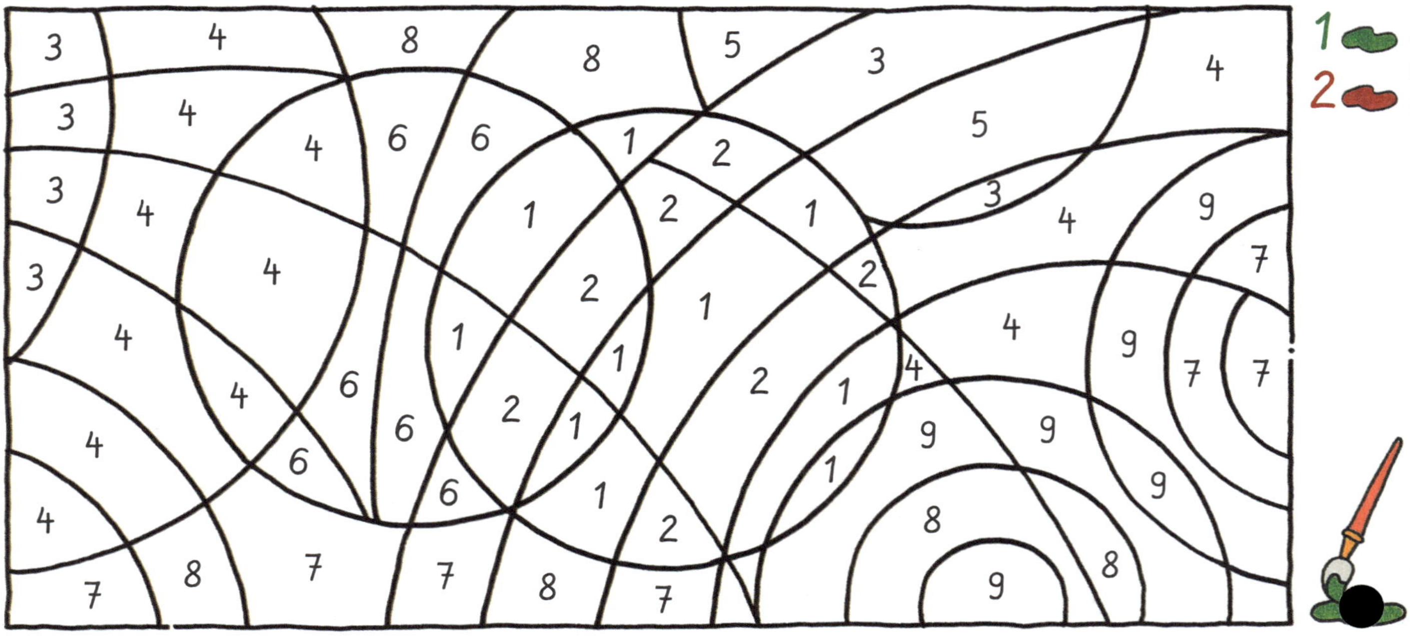

2 2

1 2 1

2 1 2

Die ② farbig ausmalen.

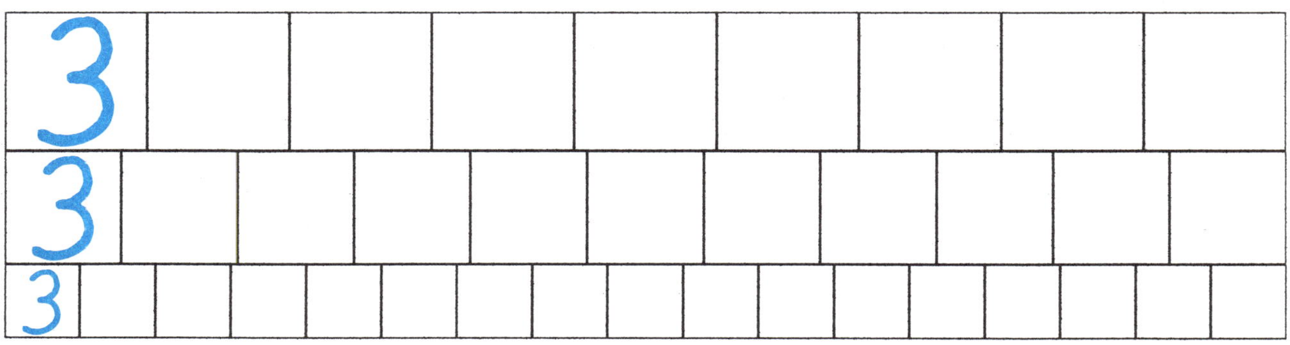

3																
3																

Welche Tiere schauen nach links? Kreise ein.

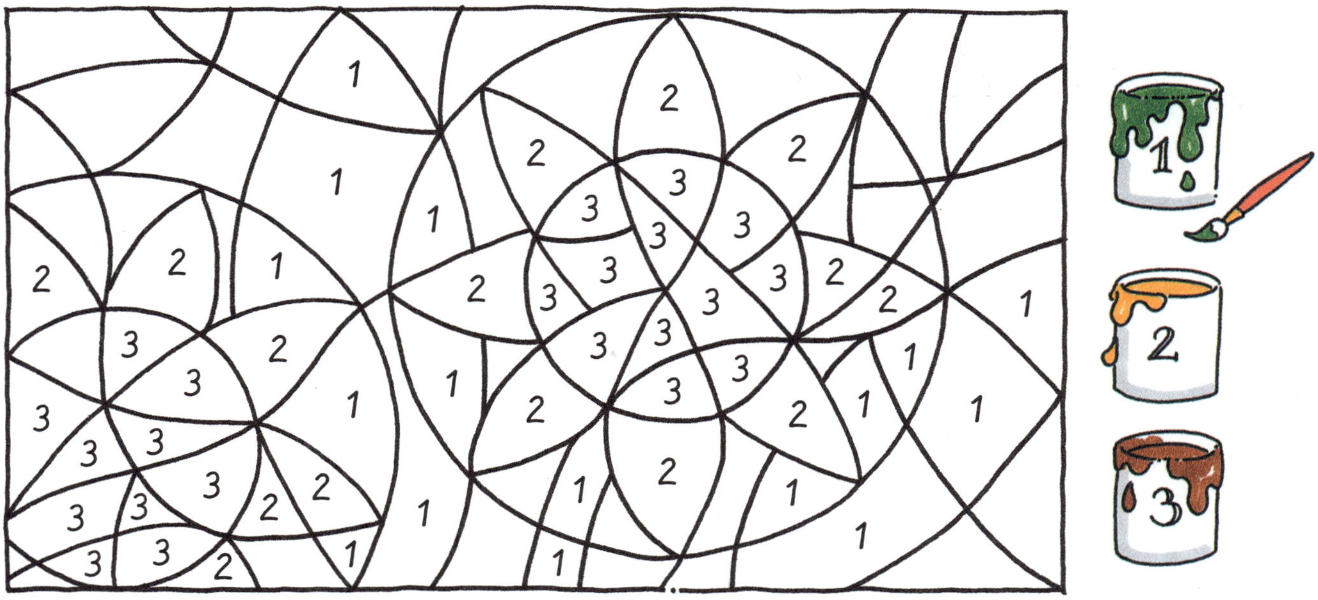

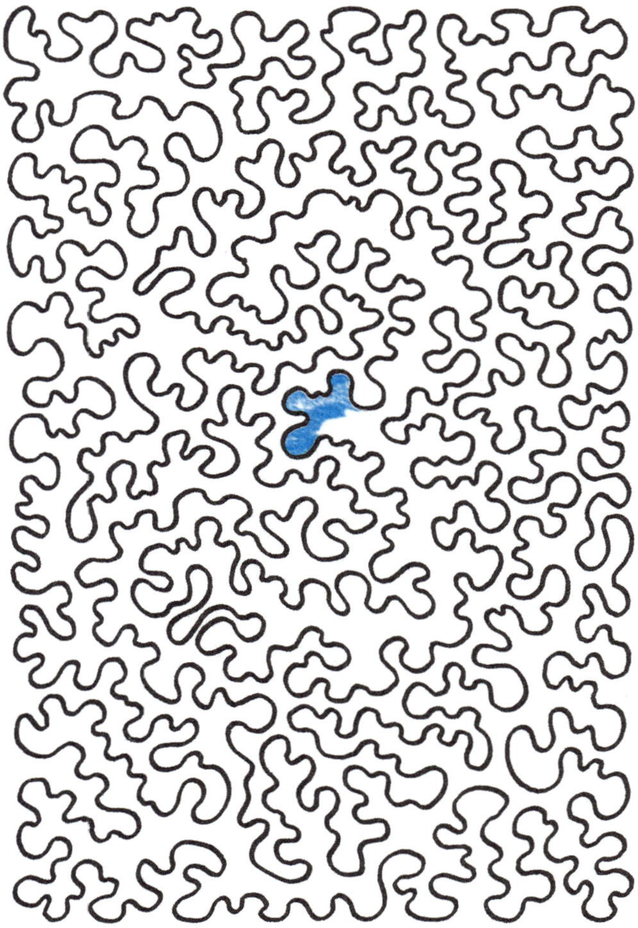

3 3
2 3 2
1 2 3 1
3 2 1 3

4								

4										

4																

4																
4																

Welche Schiffe fahren nach rechts? Kreise ein.

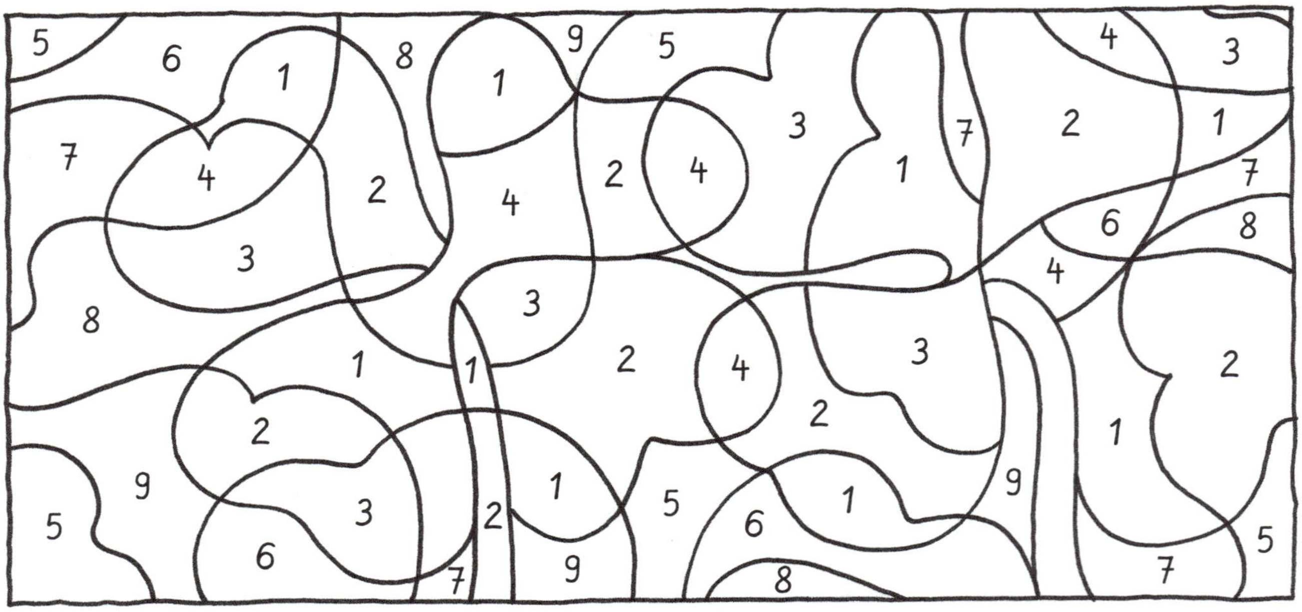

4	4															
3	4	3														
2	4	2														
1	2	3	4	1												

5								

5																
5																

Kästchen anmalen. 1 (blau), 2 (rot), 3 (grün), 4 (gelb), 5 (braun)

6	8	1	7	2	4	5	2	9	1	6	7
7	9	1	6	2	4	5	2	8	1	9	6
7	6	1	9	2	4	5	2	9	1	8	9
1	1	1	7	2	4	5	2	9	1	1	1
6	9	8	7	2	4	5	2	9	7	6	8
3	3	3	3	2	4	5	2	3	3	3	3
7	7	8	8	2	4	5	2	8	7	9	7
1	1	1	7	2	4	5	2	7	1	1	1
9	9	1	8	2	4	5	2	8	1	8	6
9	6	1	7	2	4	5	2	7	1	6	9
6	7	1	8	2	4	5	2	8	1	7	6

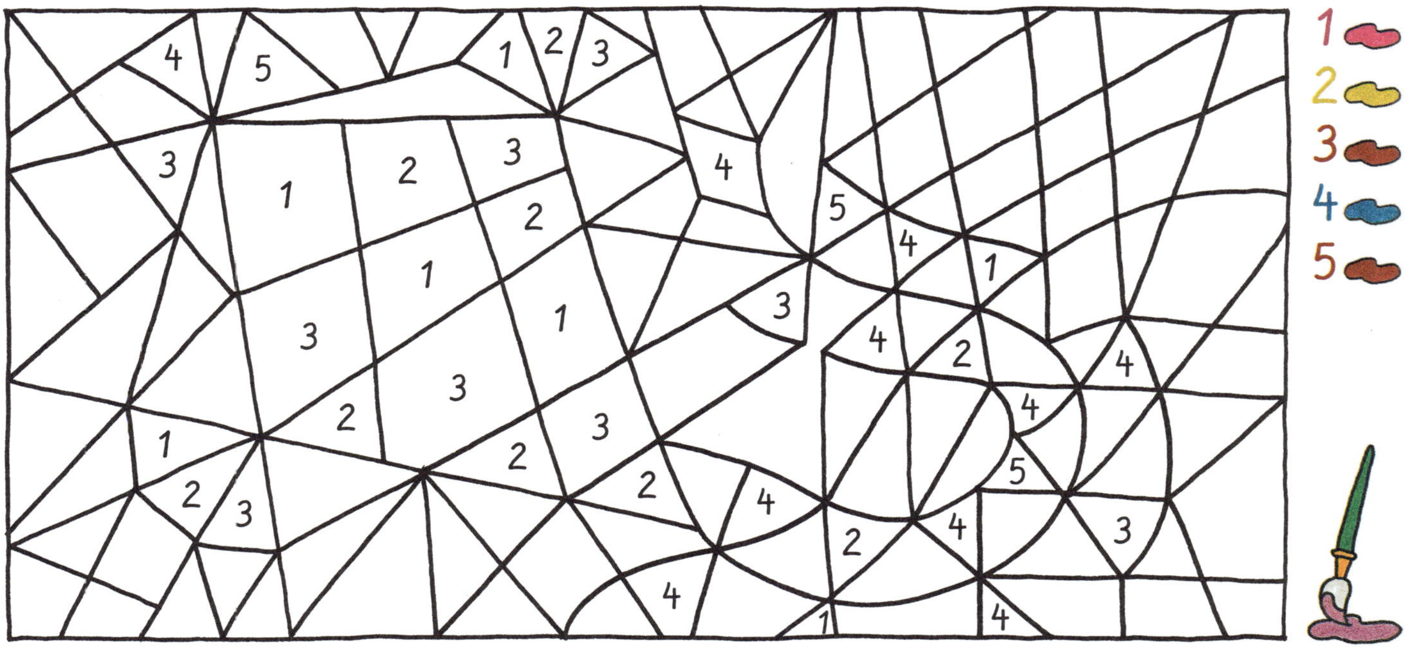

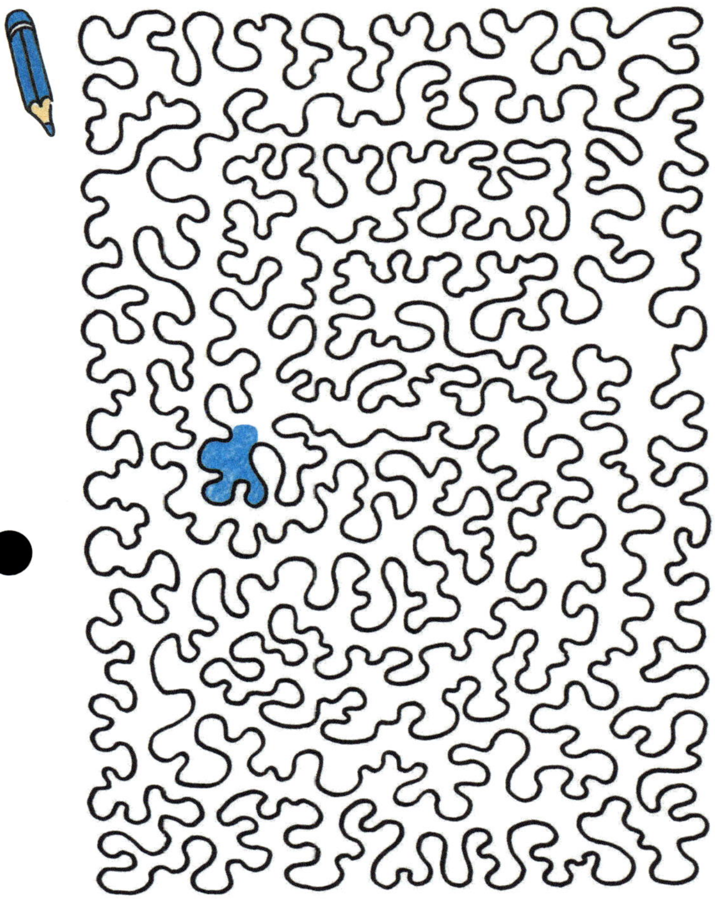

5	5															
4	5	4														
5	4	3	5													
5	3	1	5													

6								

6										

6																

6			
5	6	5	
6	5	4	6
6	4	2	6

1
2

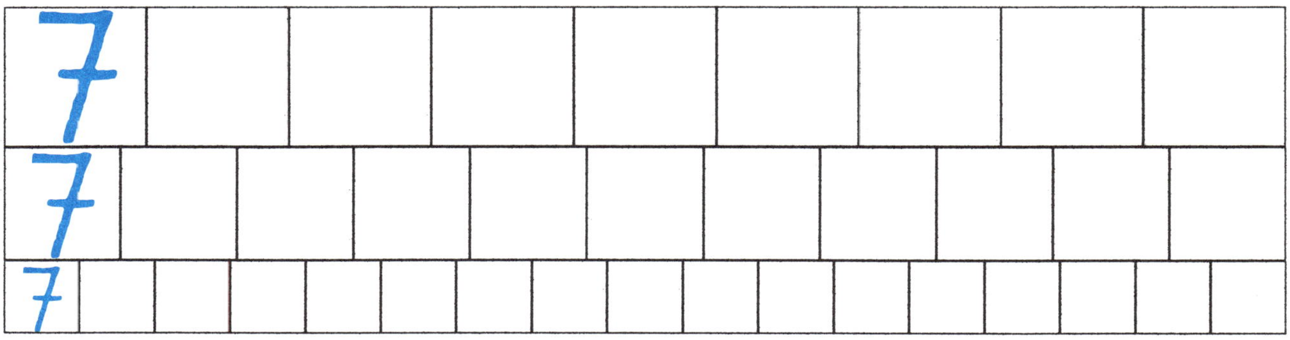

7																
7																

Die zwei gleichen Drachen finden und gleich anmalen.

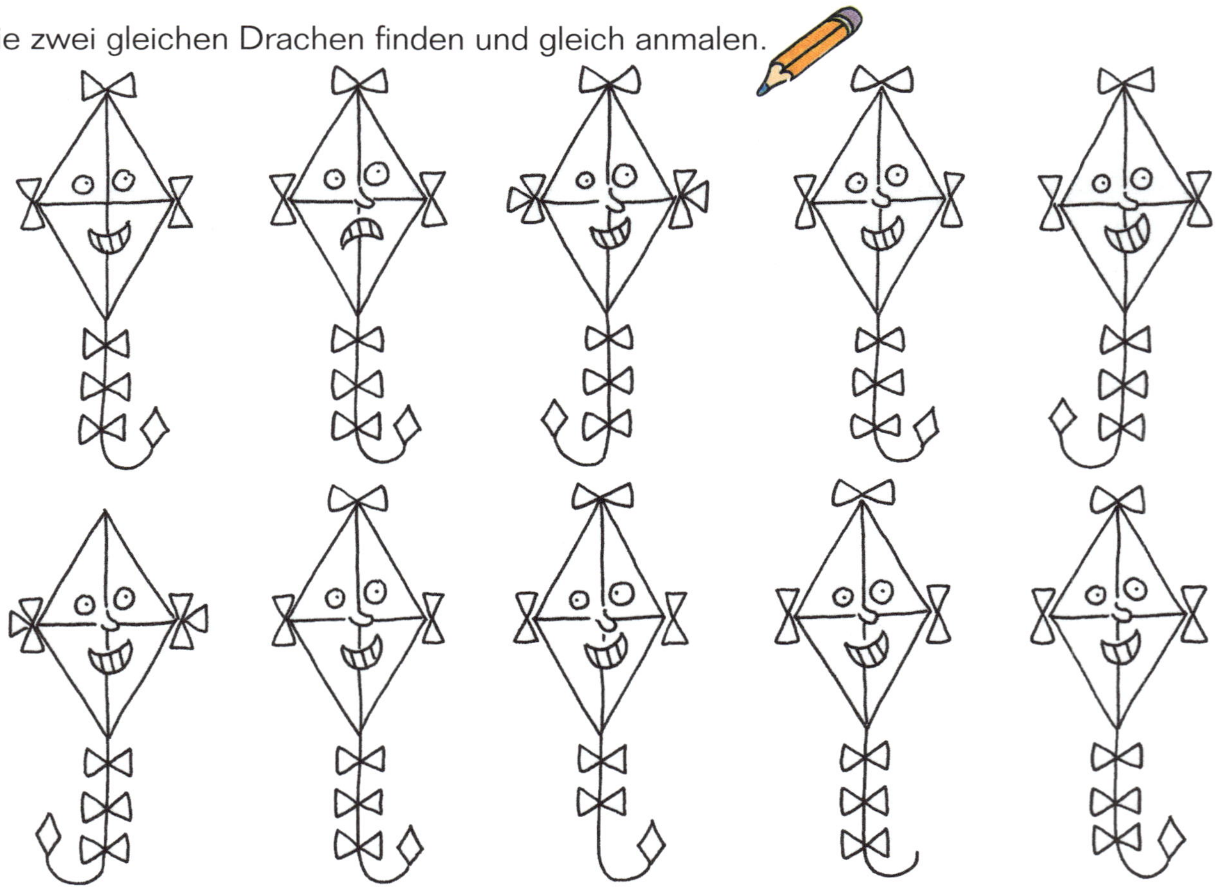

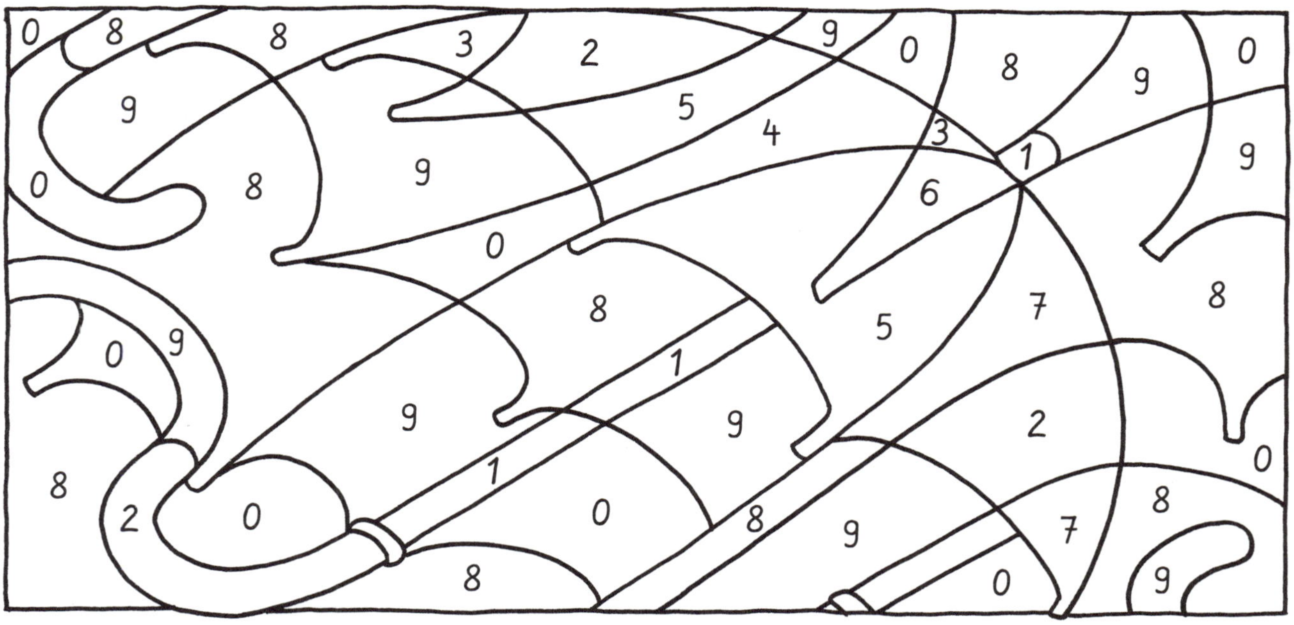

1 2 3 4 5 6 7

7																
7	8	7														
7	6	5	4	7												
7	5	3	1	7												

8								

8										

8																

8																
8																

8																
7	8	7														
8	7	6	5	8												
8	6	4	2	8												

9

9 9 9

9

9 9

9 9

9 9

9								

9										

9																

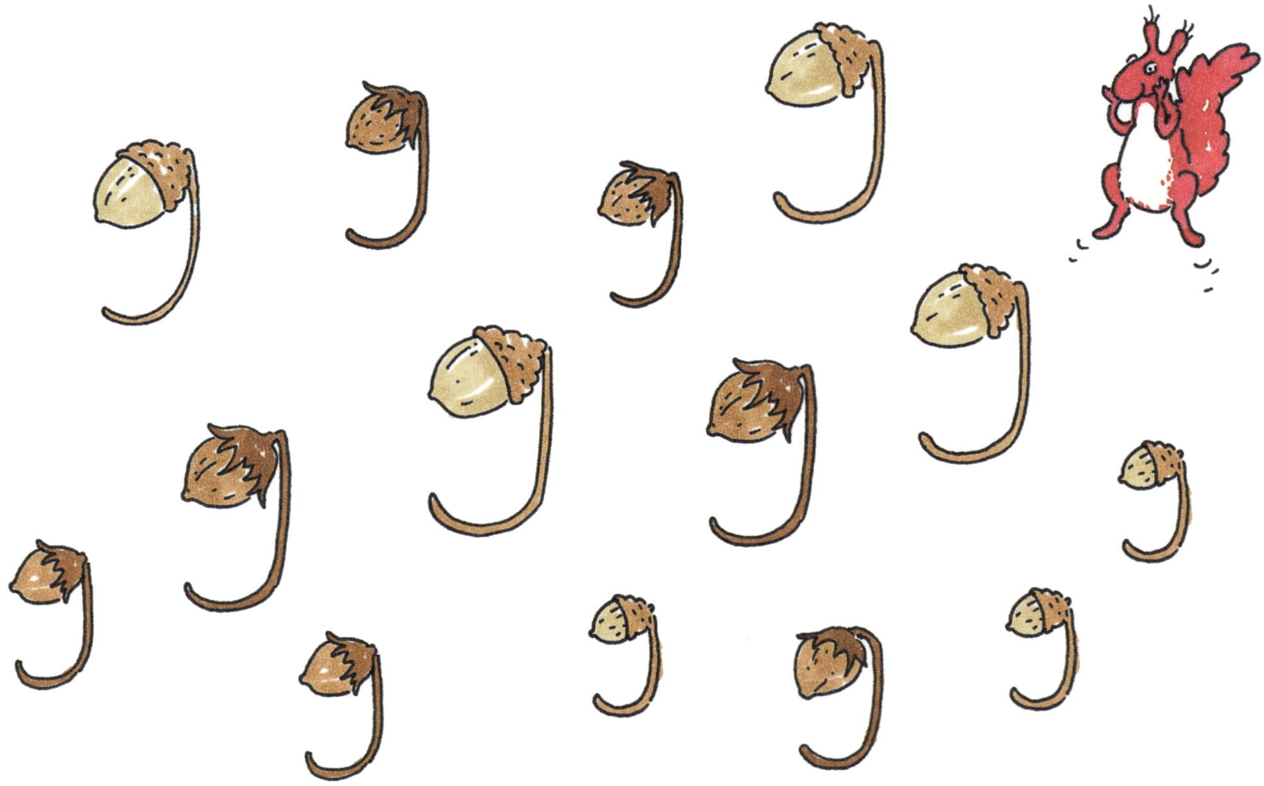

9																
9																

Muster fortsetzen.

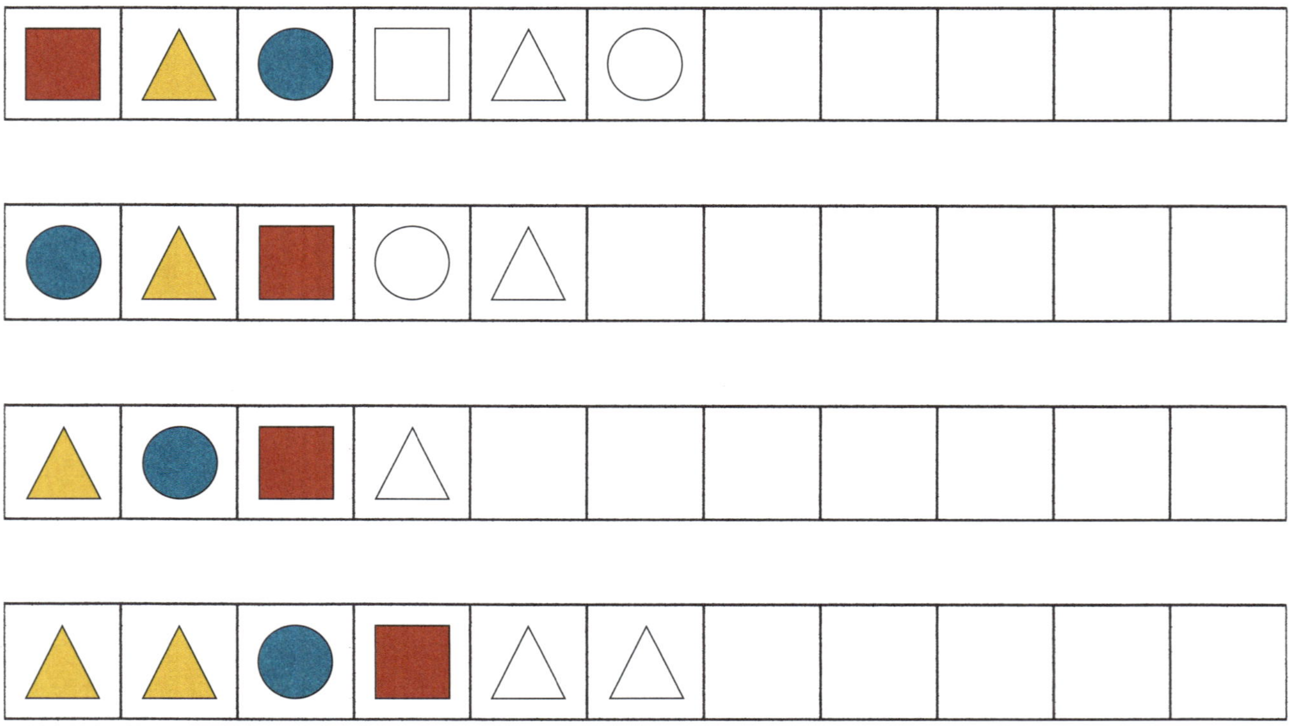

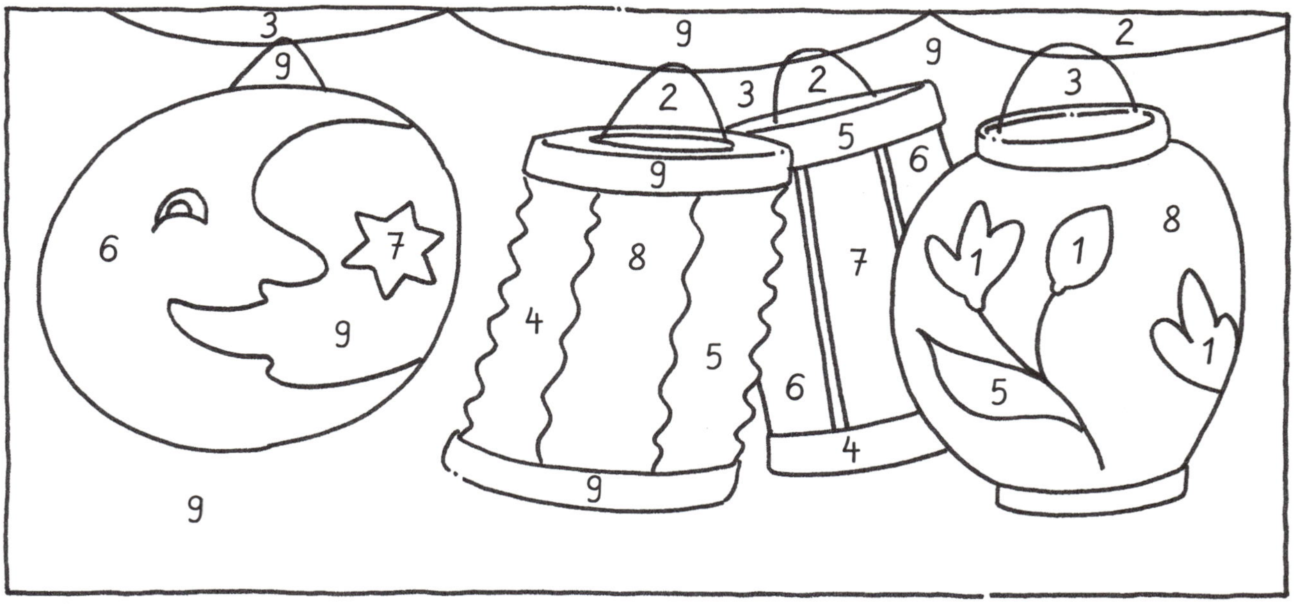

1
2 3
4 5
6 7
8
9

9																				
9	8	7	9																	
9	6	3	9																	
1	2	3	4	5	6	7	8	9	1											
9	8	7	6	5	4	3	2	1	9											

0																
0																

Gleiche Türme suchen und anmalen.

0																				
0	1	2	0																	
3	2	1	0	3																
0	1	2	3	4	5	6	7	8	9	0										
9	8	7	6	5	4	3	2	1	0	9										

0	0	0																	
1	1																		
2																			
3																			
4																			
5																			
6																			
7																			
8																			
9																			
1	0																		
1	2	3	1	2															
7	8	9	7	8															
2	4	6	2																
1	3	5	1	3															
3	5	7	3																
7	6	5	7																
9	7	5	9																
6	4	2	6																
5	3	1	5																
1	0	8	6	1	0														
1	0	9	8	1	0	9													

Ziffern suchen und nachmalen. Findest du alle Ziffern?

1	2	3	4	5	6	7	8	9	0
9	5	3	6	3	4	10	6	6	7